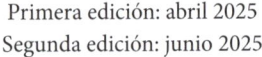

Primera edición: abril 2025
Segunda edición: junio 2025

© del texto: Lola Llatas
© de las ilustraciones: Patri de Pedro
© de la cubierta: Patri de Pedro
© de la corrección: Milena Hidalgo

Pyjama Books, SL. 2025
Avenida de Menéndez Pelayo, 67
28009 Madrid, España.
info@pijamabooks.com

Depósito Legal: M-70-2025 | ISBN: 978-84-19135-46-9

THEMA: YFB

FSC
www.fsc.org

MIXTO
Papel | Apoyando la
silvicultura responsable
FSC® C006553

www.pijamabooks.com

ANITA CURIOSIDAD

LOLA LLATAS

pijama

Para mi madre

1
PRÓLOGO

—¡¿Se puede saber quién eres tú, niña, y qué haces en mi laboratorio?!

La atronadora voz del gran inventor Gregorio Cuentamañanas rebotó en los muros de piedra y envolvió el sótano bajando la temperatura cinco grados por lo menos. Hizo explotar una bombilla del techo y a tres ratones esconderse en sus madrigueras.

La niña dio un paso atrás. Temblaba como una hoja. Tenía los ojos tan abiertos por la impresión que estaban a punto de caérsele de las órbitas. Anita no había imaginado que el científico se molestara tanto por husmear entre sus cosas. Tampoco que blandiera los brazos como un loco y la amenazara con el dedo, la mano y el brazo. Y no era porque Gregorio fuera un hombre tranquilo y estas reacciones no estuvieran en armonía con su carácter, sino porque el inventor llevaba más de cien años muerto.

¡Muerto!

¡SUPERMUERTO!

Cuando las articulaciones de Anita la obedecieron de nuevo, la niña soltó la

brújula y escapó escaleras arriba, chillando con toda la fuerza de sus pulmones.

—¡¡¡**AAAAHHHH**!!!

Cerró la puerta del sótano con cerrojo, salió al vestíbulo, se cruzó con su vecino el saxofonista, que salía a dar un paseo, y subió las escaleras a toda velocidad. Como no dejaba de gritar ni para tomar aire, el chillido le salía cada vez más ronco. Cuando pasó frente a la puerta de los trillizos de la segunda planta, que se habían asomado a ver qué pasaba, ya era un:

—Aaaaaah

Y cuando llegó a la tercera, entró en su casa, se encerró en su cuarto y metió la cara debajo de la almohada, ya solo le salía un chorrito de voz, apenas imperceptible.

—… ahhhhhh.

Pero seguía temblando de cabeza a pies.

¡Uy, hola! Vaya, estás leyendo y seguro que no sabes a qué viene todo esto. Debes de estar preguntándote quién es Anita Muchatela y por qué bajó al sótano para cotillear entre los artilugios de un fantasma hasta cabrearlo de esa manera.

Tal vez creas que esta no es forma de comenzar un libro, y puede que tengas razón. Pienso remediarlo. Pasa las hojas y te ruego me disculpes. Las cosas hay que comenzarlas por el principio.

2
ANITA

Anita Muchatela vivía en una casa destartalada y delgaducha a las afueras de la ciudad. Se alzaba torcida en medio de un descampado y parecía que iba a derrumbarse en cualquier momento.

Una vez fue un edificio famoso y la gente acudía a hacerse fotos al lado de la puerta o agarrando una ventana. Resulta que allí vivió, hace décadas, el gran

inventor, científico e ingeniero Gregorio Cuentamañanas, el primer hombre en el mundo que estuvo a punto de dominar el clima con un invento revolucionario que al final no funcionó como debiera: el CLIMANADOR.

Gran proeza, no creas. Cientos después que él han intentado perfeccionarlo y no ha habido manera. No es tan sencillo como parece hacer que llueva cuando los campos lo necesitan o que deje de hacerlo cuando va a producirse una inundación.

Pero el tiempo pasó, y cuando los curiosos dejaron de visitar el lugar en el que por poco se produjo tan alucinante prodigio, los descendientes del inventor vendieron la casa a trozos y se olvidaron de ella.

El edificio, visto por fuera, tenía cierto estilo, no voy a negarlo, con las ventanas torcidas y las cornisas a punto de caerse, pero, una vez entrabas, el suelo de madera crujía todo el tiempo; y había que ser equilibrista para encaramarse a las escaleras que trepaban de un piso a otro hasta el tercero, tan empinadas que había gente que iba a visitar a los trillizos, se mareaba a mitad y decidía no seguir subiendo.

En la primera planta vivía Amadeo el saxofonista, un tipo con los brazos largos y los dedos aún más largos que se pasaba día y noche afinando su instrumento; en la segunda, vivía la señora Virtu con los trillizos, que eran adorables a veces, un poco trastos siempre, y no había manera

de distinguirlos porque llevaban la cara perpetuamente sucia con chorretones de sudor. Y en la planta más alta y abuhardillada, habitaba Anita Muchatela con sus padres Luis y Greta.

La niña, que tenía nueve años y medio en el tiempo en el que suceden los hechos de esta historia, estaba enamorada del caserón. Le encantaba vivir en el mismo lugar en el que había vivido antes un gran inventor. Ella misma también quería ser científica e ingeniera y, en las vigas combadas del techo y la piedra de las paredes, encontraba la inspiración para idear todo tipo de artilugios.

Lo que Anita no sabía, lo preguntaba. Lo que necesitaba, se lo construía. Tenía

el dormitorio repleto de bocetos de inventos y trastos a medio hacer. Por eso todo el mundo la acabó llamando Anita Curiosidad.

Sus padres, Greta y Luis, no estaban tan contentos como ella de vivir en la buhardilla de tan extraño edificio. Su hogar se desmoronaba y no había mucho que pudieran hacer. Por las noches, el matrimonio pasaba horas con los ojos clavados en el techo, viendo caer diminutas cascadas de polvo de entre las juntas, pensando de dónde sacar el dinero para mudarse y adónde; mientras Anita, con unas viejas gafas de bucear para protegerse los ojos, martilleaba uno de sus nuevos inventos, incansable.

—Anita, a dormir —suplicaba su madre.

Y Anita apretaba los labios desde su habitación repleta de mecanos y destornilladores y experimentos, y guardaba silencio durante unos instantes.

Entonces se escuchaba a Virtu en el piso de abajo rogando a sus trillizos que salieran de la lavadora o que dejaran de derramarse la leche de la cabeza y se fueran a dormir; o al saxofonista tocar, de nuevo, la misma canción que había estado ensayando toda la semana.

A Anita le encantaban todos esos ruidos, pero siempre que podía, y para que sus padres no la regañaran, trabajaba en el único lugar de aquella casona delgaducha y destartalada en el que nadie se quejaba de sus golpes: el sótano.

Al sótano nadie quería ir. Había muchos trastos, estaba muy oscuro, y daba miedo.

3
EL SÓTANO

A Anita Curiosidad le encantaba el sótano. Era su lugar preferido de su amado caserón. Más preferido que la tienda de chocolatinas donde podías probar bombones gratis o la atracción de la feria que te lanzaba por los aires y hacía que se te secara el cerebro por unos microsegundos.

El sótano era mágico.

Impresionante.

Maravilloso.

Resulta que cuando los herederos del gran inventor Gregorio Cuentamañanas vendieron la casa a trozos, se olvidaron del lugar en el que su tío tenía su laboratorio. Tal vez en alguna ocasión pensaron en vender su contenido como chatarra, pero subirlo por las empinadas escaleras del sótano era más costoso que lo que pudieran sacar por él. El caso es que ahí se quedó, y Anita adoraba pasear entre los bártulos que se amontonaban formando estalagmitas de trastos y ropa y libros y cajas cuyo contenido nadie echaba de menos ya.

Anita había pasado tanto tiempo en ese sótano que se sabía de memoria cada

descolchado de las paredes y los orificios en los que vivían las familias de ratones.

Le encantaba deslizarse de puntillas al vestíbulo del caserón para asegurarse de que nadie la veía. A veces tenía que esperar un buen rato porque Amadeo el saxofonista o los trillizos andaban cerca.

Después caminaba sigilosa hasta la puerta medio oculta bajo el primer tramo de escaleras, la abría y, al meterse dentro y cerrar tras de sí, se encontraba envuelta en densa oscuridad. Estaba en su mundo.

Entonces buscaba, a su derecha, una manivela disimulada entre las juntas de dos bloques de piedra. La había construido ella misma con un pedal roto de bicicleta. Al girarla, movía una cadena

que se conectaba con las luces de colores misteriosamente desaparecidas después de las últimas navidades, y se iluminaba todo a su alrededor. Entonces Anita Curiosidad abría aún más la sonrisa porque se sentía como en casa, tomaba aire, se colocaba un casco de bici que guardaba escondido entre las sombras y activaba una segunda manivela, esta vez a su izquierda, bajo la endeble barandilla.

—¡Allá voy! —chillaba, camuflando su grito por el resto de gritos y el jaleo que provenía de la casa. Y los escalones se torcían hasta convertirse en el tobogán más chulo que te puedas imaginar.

Anita elevaba los brazos por encima de la cabeza y cerraba los ojos. Dejaba que

la velocidad la embargara entera y reía al aterrizar sobre un montón de almohadones viejos colocados por ella misma.

Entonces respiraba satisfecha y paseaba por el sótano. Los trastos se apilaban a diestro y siniestro. Era como caminar entre un bosque con troncos hechos de cajas sobre sacos sobre máquinas de escribir.

Anita era feliz.

Apartaba las telarañas y llegaba hasta el viejo banco de trabajo en el que el gran Gregorio Cuentamañanas estuvo a punto de cambiar el rumbo de la historia con su Climanador.

Un día reparaba el microondas, otro le ponía un acople a las piezas de su ajedrez para que se movieran solas, otro

destripaba el mecanismo de su muñeca preferida…

Era su lugar.

Vale, ya conoces a Anita Muchatela y ya sabes por qué iba al sótano. De ahí a cómo

encontró una brújula y enfadó tanto al espíritu del gran inventor, ya no queda casi nada, pero no sucedió por casualidad. Sigue leyendo, que te vas a quedar de piedra.

Todo comenzó con una carta del banco.

4
LA CARTA DEL BANCO
DE LA QUE TE HABLABA

—¡Nos expropian!

El grito de alegría de Luis Muchatela y las carcajadas que siguieron después, se colaron entre las rendijas de las paredes y subieron la empinada escalera. Sacudieron los cuadros y espantaron a un par de palomas que habían hecho su nido en la parte más alta de la casa.

Su esposa Greta, que leía recostada en su sillón preferido allá arriba en la buhardilla, se puso en pie de un salto.

Los trillizos dejaron de arrojarse almohadas y siguieron a su madre escaleras abajo, llevándose por delante al pobre Amadeo que, sin estar muy seguro de si había escuchado bien o había sido una alucinación por culpa de soplar el saxofón tantas horas seguidas, se había asomado a su puerta.

Anita, que estaba en el sótano ideando inventos, subió tan deprisa las escaleras para acudir a la llamada de su padre, que olvidó quitarse las gafas de bucear cuando salió disimuladamente del sótano.

Luis Muchatela saltaba y bailaba en el vestíbulo, mientras el resto se acercaba a él a toda prisa.

—¿Se puede saber lo que pasa? —preguntó Greta.

Su marido, contento a más no poder, blandió la carta que sostenía.

—¡Pues que nos expropian! —dijo, satisfecho—. ¡No es una broma! La firma el concejal de urbanismo, el señor **GATOENCERRADO**.

Su mujer abrió muchísimo los ojos y se quedó quieta como un palo durante unos segundos, que fueron lo que tardaron las palabras de Luis Muchatela en subir por su brazo, llegar al hombro y entrar en su cerebro. Entonces soltó otra risotada y se abrazó a Virtu.

—¿Nos expropian? —preguntó esta última, mientras daba saltos de alegría.

El saxofonista con sus brazos largos, agarró a un par de los trillizos, que se zafaron del abrazo lo más deprisa que pudieron y corrieron a reunirse con Anita, que lo observaba todo sin entender nada, todavía con las gafas puestas. Los adultos, mientras tanto, reían y bailaban.

—Qué vergüenza da ver a los mayores bailar —dijo uno de los trillizos.

—No deberían dejar bailar a la gente adulta en público —replicó otro.

—¿Alguien podría por favor decirles que no se baila así desde hace quinientos años? —suplicó el tercero—. Ahora me tendré que arrancar los ojos.

Anita, que sentía que algo iba tremendamente mal, preguntó a los tres hermanos:

—¿Qué es una expropiación?

Estos se encogieron de hombros. Los mayores dejaron de bailar y soltaron una risotada.

—Ay, mi Anita —dijo Greta, recobrando la respiración—, qué curiosa eres, hija mía. Una expropiación es cuando el gobierno te paga dinero porque te va a quitar tu casa.

Lo dijo y se quedó tan pancha, mientras los peores temores de la niña se confirmaban. Se quedó tan impresionada que no fue capaz de decir nada más.

—¿Nos van a quitar la casa? —preguntó uno de los trillizos.

El señor Muchatela le acarició la cabeza y le deshizo el pelo.

—Y nos van a dar dinero por ella. ¿No es alucinante?

A ver, no sé si sabes lo que es una expropiación. Te lo explico por si acaso. Resulta que cuando el gobierno va a construir algo como una carretera o una presa o un puente, da dinero a todos los que viven en los terrenos que van a necesitar para las obras para que se vayan a otro lado.

He de decirte que no todo el mundo se toma una noticia de expropiación tan bien como los adultos en aquel edificio, pero es que se caía a pedazos.

—Pero ¿eso por qué? —preguntó Anita, con un hilillo de voz, mientras los trillizos cantaban y bailaban imitando el poco ritmo de los mayores.

Luis Muchatela se acercó a su niñita y le acarició el pelo. Puso la misma cara dulce con la que le explicaba que no podía desguazar el televisor o agarrarse al pararrayos y contestó:

—Porque van a construir aquí mismo una planta de recogida y clasificación de productos apestosos, grasientos y desagradables. ¿No es fantástico, hija?

Anita sintió que se le aceleraba la respiración. ¿Cómo iban a convertir el lugar en el que por poco se consigue una proeza tan heroica como controlar el clima con el Climanador, en una planta de recogida y clasificación de productos apestosos, grasientos y desagradables?

Pero no podía pensar. Los trillizos, a su alrededor, cantaban:

—Vamos a vivir en la ciudad, vamos a tener ascensor, vamos a molestar a los vecinos y a tirar cosas desde el balcón.

Era con lo que siempre habían soñado, y estaba a punto de convertirse en realidad.

5
EL DESCUBRIMIENTO

Anita se escabulló del vestíbulo, donde todos bailaban, cantaban y querían hacerse una foto con la carta del banco, y se encerró en el sótano.

Necesitaba pensar. El corazón le latía a mil por hora. O a dos mil.

¿Expropiarlos? ¿Convertir la casa del gran inventor en un vertedero de cosas desagradables y apestosas? ¿Por qué estaba todo el mundo tan contento ante tan desastrosa noticia?

Y la pregunta que más le atormentaba: ¿habría espacio en uno de los pisos de la ciudad de los que siempre hablaban sus padres para montar su propio laboratorio?

¡Por supuesto que no! Había estado en los de sus compañeras de su colegio. En esos pisos todo estaba ordenado dentro de los muebles y casi no cabía chatarra. Tampoco había mucho hueco para clavar cosas, con las paredes cubiertas por armarios empotrados y vitrinas con soperas de porcelana.

¿Y sus inventos? ¿Iban a expropiarlos también?

Anita accionó la manivela de la derecha para tener luz y accionó la de su izquierda

para poner el tobogán en funcionamiento. No rio cuando aterrizó entre los almohadones. Estaba terriblemente preocupada.

Corrió hasta su banco de trabajo, repleto de cachivaches, y llegó hasta la estantería con los libros vestidos de polvo que habían pertenecido a Gregorio Cuentamañanas. ¿Qué harían con ellos? ¿Y si decía a papá que quería quedárselos? Había tantos que su corazón palpitó aún con más fuerza.

Ya iba a tres mil por hora. O a cuatro mil.

Había algunos libros que no le interesaban, porque contenían fotos aburridísimas de gente mirando al frente de lo más seria. Nada que ver con las fotos del móvil de la madre de Anita, que

estaban casi todas borrosas porque los trillizos nunca se estaban quietos.

Pero otros libros eran científicos. Anita guardaba entre ellos su propia libreta de invenciones. Describía todos sus proyectos, comenzando por el que ideó a los cuatro años para quitarle la parte blanca al jamón sin pringarse los dedos.

Para llegar al estante en el que ocultaba su libreta, se sentó en la silla de plástico, agarró el hinchador y comenzó a darle arriba y abajo. El aire infló un globo enorme que estaba situado bajo la silla y fue subiendo poco a poco.

Un metro.

Dos metros.

Dos metros y diez centímetros.

Ya quedaba menos.

Dos metros cuarenta.

Ya podía tocarla con los dedos.

Anita, sin soltar el hinchador, alargó los brazos hacia su libreta y la sujetó con fuerza.

—¡Hija! ¿Dónde te has metido? —La voz de su madre se coló por las tablas del techo. ¡La estaban buscando en el vestíbulo! Anita se estremeció, el hinchador escapó de entre sus dedos y el globo se deshinchó tan rápidamente que estuvo a punto de perder el equilibrio.

La niña hizo aspavientos y se agarró a uno de esos álbumes enormes de fotos aburridas de los Cuentamañanas que, al no aguantar su peso, cayó junto a ella cuando aterrizó en el suelo.

Anita se puso en pie de un salto y se frotó el trasero.

Su libreta de inventos no estaba por ningún lado. Seguramente se había escurrido debajo de un mueble o tras una de las pilas de trastos que la rodeaban por todas partes. Lo que sí que vio a su lado fue el álbum enorme que había arrastrado en su caída. Estaba abierto de par en par y, entre las páginas de gente estirada y con cara de besugo, había un bloc de notas manuscrito.

Diario secreto de Gregorio Cuentamañanas, inventor

ponía en letras alargadas y señoriales.

Anita lo observó con curiosidad y lo agarró entre sus manos. Le sopló el polvo, asombrada por su descubrimiento.

—¡Yo no sé dónde se ha metido esta cría, siempre igual! —se quejó su madre desde el piso de arriba.

Y, para no ganarse una reprimenda, Anita ocultó el cuaderno bajo la camiseta y subió los escalones del sótano a toda prisa, con el corazón en la garganta.

6
LA CENA
DE LA CELEBRACIÓN

Nadie celebró tanto un aviso de expropiación como los habitantes de la casa donde una vez por poco se cambia el curso de la historia de los climas.

Amadeo el saxofonista montó una mesa larga con ayuda de dos trípodes y un tablón que colocó en el vestíbulo. Los trillizos fueron los encargados de bajar

las sillas por las escaleras, bajo la atenta supervisión de su madre, que decía cosas como:

—¡Haced el favor que os vais a escalabrar! ¡No bajéis los escalones subidos a la silla! ¡No le claves eso a tu hermano!

Los Muchatela prepararon unas cuantas fuentes de comida con tortillas y filetes empanados. También había ensalada, patatas fritas y un poco de sopa de ajo con fresas para el saxofonista, que como todo artista que se precie, tenía sus rarezas.

—¡A la mesa! —chilló Luis.

Su voz se encaramó a las empinadas escaleras y rebotó en las barandillas. Se elevó hasta alcanzar todos los rincones y llegó a la vivienda de la buhardilla, donde

Anita Curiosidad se enfrentaba al que parecía el día más triste de su vida.

Ojeaba el diario de Gregorio el inventor con interés, pero en él solo aparecían detalles de su vida que nada tenían que ver con los inventos: «Fui al mercado y mandé a la sirvienta comprar merluza porque estaba fresca», «Esta noche voy a contar ovejas a ver si me duermo», «Creo que debería afeitarme el bigote pero me da un aire tan distinguido que me lo voy a dejar como está».

—¡Aniiiiita Curiosidaaaaad!

La voz de su padre se coló de nuevo hasta la habitación y le hizo cosquillas en la nuca.

—Ya va —replicó la niña, desganada, aun sabiendo que no la oiría.

Depositó el diario sobre la cama y bajó las escaleras, aburrida. Por debajo de ella podía escuchar el jolgorio de su familia y sus vecinos brindando con vasos a rebosar de zumo de manzana.

—Siéntate aquí —pidieron los trillizos, haciendo un hueco entre ellos.

—Menuda cara traes —le dijo el músico mientras sorbía la sopa y le guiñaba un ojo—. Es viernes por la noche y... ¡Nos van a expropiar!

«Por eso mismo», pensó la niña. Y, aunque no tenía hambre, se sirvió un trozo de tortilla, dos filetes y patatas fritas.

La cena pasó de lo más animada para todos, menos para ella. Charlaron también todos, menos ella, de lo bien que se iban a encontrar en los pisos de la ciudad.

—En los pisos esos, las paredes son rectas —decía uno de los trillizos.

—Y el váter no se inunda al tirar de la cadena —dijo otro.

Todos rieron. Anita frunció el ceño.

—No me puedo creer que seáis tan insensibles —les regañó—. ¿Acaso no lo hemos pasado bien aquí?

Pero fue Virtu la que alzó su vaso y propuso un brindis:

—¡Por los pisos de la ciudad sin agujeros en el suelo!

Y todos se echaron a reír de nuevo. Al cabo de un rato, los trillizos se levantaron

a jugar y Virtu a advertirles que tuvieran cuidado con los balones, los jarrones, las ventanas, los huecos en la pared y la instalación eléctrica.

Los padres de Anita hablaban de sus cosas. Parecían ilusionados con la idea de irse. Desde luego, Anita no les entendía.

—¿Qué te pasa, Curiosidad? —preguntó Amadeo el saxofonista—. Parece que no te quieras marchar.

Anita suspiró.

—Aquí estamos tan bien...

—El caserón se cae a pedazos. ¿O no?

Anita estaba fastidiada. Miró a su alrededor. A lo mejor un poco. A lo mejor podría arreglarlo ella misma.

—Pero fue la casa de un gran inventor —dijo, cuando no supo qué decir—. No

podemos permitir que se convierta en una planta olorosa y grasosa. Aquí por poco se logra dominar el clima con un invento revolucionario.

El músico tomó un poco más de sopa y miró a la pequeña.

—Tú lo has dicho: por poco. Tal vez si lo hubiera conseguido de verdad, otro gallo nos cantaría.

Anita sintió un escalofrío por dentro. ¡Claro! ¿Y si alguien completaba el invento y lograba conseguir tal proeza? ¿Y si ese alguien, era ella?

7
LA NUEVA CASA

Al día siguiente, los habitantes del edificio tenían una cita en la ciudad para ver sus futuras viviendas.

El primero que se marchó, a las nueve de la mañana, fue Amadeo el saxofonista. Le habían asignado un piso muy moderno de una habitación en el este de la ciudad, en una zona muy tranquila, porque ya había dicho él que necesitaba mucha tranquilidad para inspirarse.

Los segundos en bajar fueron Virtu y sus tres hijos. Habían elegido un piso de cuatro habitaciones y un balcón amplio en el centro, junto a una de las mejores escuelas de la ciudad. Virtu se había pasado toda la mañana bañando a los trillizos. Les había cortado las uñas de los pies y les había hecho la raya del pelo, pero en cuanto bajaron las escaleras y se irguieron frente a su madre antes de subir en el taxi, ya tenían el pelo revuelto, las rodillas manchadas, las uñas negras y chorretones de sudor en las mejillas. Virtu dijo que eran imposibles y desaparecieron.

Anita observó la marcha de sus vecinos desde uno de los huecos de la escarpada barandilla, sin dejar de darle vueltas a lo que Amadeo le había dicho la noche anterior. Lo de reparar la casa ella sola, era un imposible, porque cuando lograba clavar una tabla por un extremo, el otro se desclavaba, pero lo de completar el invento era otra cosa.

—¿Nos vamos, Anita? —preguntó su madre, cuando salió de la buhardilla y le tendió la mano.

Luis cerró la puerta y los tres bajaron las escaleras teniendo mucho cuidado para no salir despedidos hacia abajo o hacia arriba, como pasó con la abuelita de los trillizos cuando vino a verlos, pisó una tabla que estaba suelta y se impulsó tipo catapulta hasta aterrizar en un supermercado a dos kilómetros de

distancia. Por suerte cayó sobre la sección de colchones de camping y no hubo que lamentar ninguna desgracia.

—El nuestro tiene dos habitaciones —dijo Luis—. Y adivina: está muy cerca de donde viven tus amigas.

Anita sonrió a sus padres sin abrir la boca, una de esas sonrisas que haces sin ganas. Si quería ver a sus amigas, tomaba un autobús y punto. No hacía falta que estuvieran viviendo en la misma calle ni nada parecido.

Se dirigieron al antiguo coche familiar y se pusieron en marcha. Anita no podía evitar volverse de vez en cuando y observar la casa que dejaban atrás, cada vez más pequeña y enclenque a medida

que se alejaban, y a los veinte minutos habían llegado a su destino. Se trataba de un residencial de esos con zonas verdes, piscina y pistas de tenis.

Había muchos niños jugando en el jardín y Greta y Luis se abrazaban todo el tiempo.

El piso de dos habitaciones era espacioso y estaba situado en uno de los edificios del fondo. Era tan luminoso que les dolían los ojos porque no estaban acostumbrados a tanta claridad. Algunas de las habitaciones de la buhardilla ya no podían abrirse porque estaban atrancadas.

El matrimonio se sentía como si les hubiera tocado la lotería. De vez en cuando reían y daban palmaditas. El

de la inmobiliaria también reía y daba palmaditas. Todos menos Anita que, con el ceño fruncido, no perdía detalle de nada.

—¿Se pueden clavar cosas en la pared? —preguntó con los brazos cruzados en señal de mosqueo, haciendo que todos dejaran de reír y dar palmaditas.

—Pues según la normativa de propietarios del edificio número 12.6... —comenzó a explicar el de la inmobiliaria.

—Hija —explicó su madre, acariciándole el pelo—, aquí vas a tener otras cosas con las que divertirte. No tienes por qué martillear nada. ¡Es todo nuevo! Aquí hay piscina y puedes pasear o ir al cine y...

—Y hay muy pocos enchufes —se quejó Anita de nuevo.

Miró a su alrededor.

—Anita Curiosidad, hay los enchufes justos y necesarios —replicó su padre.

Y Greta y él volvieron a dar palmitas y a reírse. Definitivamente les había tocado la lotería.

8
EL DIARIO

Una vez de vuelta, Anita se metió en su habitación y cerró la puerta, aunque eso no la aislara de los sonidos que se colaban por las tuberías y los huecos de las paredes.

Podía oír a Virtu poniendo orden para ver si se cenaba o no se cenaba o cuántos tenían hambre y de qué. Aunque intentaba sonar autoritaria y hacerse escuchar por encima del jaleo de los trillizos, Anita

intuía una pizca de optimismo en la voz de la mujer. Eso es que le había gustado su nueva casa.

Las notas de saxofón, ruidosas y estridentes, subían entonando canciones animadas, muy diferentes de las melancólicas de los últimos tiempos.

«Este también ha caído», pensó Anita. Y soltó un soplido.

Abrió el diario por una hoja cualquiera. Tenía la esperanza de encontrar instrucciones con las que completar la máquina para dominar el clima, y que la casa se hiciera tan famosa que nadie quisiera derribarla.

Y leyó:

«Hoy he pisado algo pegajoso por la calle. Qué asco. Bien podría tratarse de un poco de compota de manzana. La gente, a veces, se deja compota de manzana olvidada en la calle para que pase alguien despistado y la pise. Oh, no. ¿A quién pretendo engañar? Seguro que se trata de una boñiga de perro. ¡Qué desgracia! ¡He pisado una caca de perro! Desde luego, no me atrevo ni a mirar.»

Anita pasó las páginas y lo cerró de nuevo. Observó detenidamente la cubierta. Se trataba de nada más y nada menos que del diario secreto de Gregorio Cuentamañanas, el famoso inventor, un hombre totalmente obsesionado con su trabajo y sus inventos. Cuentan los libros en los que se le menciona que llegó a pasar meses encerrado en su sótano, trabajando incansable en su máquina. Dicen que se olvidó de comer y de beber y de lavarse los dientes. Dicen que hasta le creció tanto el bigote que le colgaba por las rodillas. ¿Por qué no hablaba de ninguno de sus hallazgos en su diario secreto?

—Hija, a cenar —la llamó su madre, tocando suavemente la puerta—. Hemos preparado tu plato preferido, a ver si te animas.

Pero Anita no pensaba animarse. Se sentó en la cama, agarró el diario, y lo lanzó por los aires.

Lo que no imaginaba es que el diario aterrizaría sobre la lamparita de su escritorio, abierto por una sola página, y que esta página, que parecía que se agarraba para

no caerse, dejaría pasar la luz a través de ella proyectando en el techo un texto muy diferente al de la caca de perro.

Anita contuvo la respiración. ¡Gregorio Cuentamañanas había escrito un diario secreto, sí, con una tinta invisible a la luz natural pero que brillaba cuando una luz intensa se calcaba en sus páginas!

La niña sintió que se le aceleraba el corazón. Rio en voz alta, incluso.

—Anitaaa —la llamó su madre, desde el otro lado de la puerta.

—Ya voy, ya voy —replicó ella, impaciente.

Pero antes de salir, no pudo evitar leer las líneas reflejadas en el techo y llevárselas en la cabeza.

—Qué sonriente estás —dijo su padre, esperanzado, cuando la niña se unió a ellos—. Sabía que tendrías hambre.

—Claro, papá —respondió, disimulando.

Solo pensaba en lo que había terminado de leer:

«La solución a los misterios de mi ciencia está en el lugar de mi laboratorio en el que las canicas más ruidosas se echan a dormir.»

¿No sientes intriga? La cosa se pone al rojo vivo y estás muy cerca de presenciar el encuentro de Anita con un verdadero fantasma.

9

EL ENIGMA

Podrás imaginar lo rápido que cenó Anita. Engullía las cucharadas llenas hasta arriba y masticaba a dos carrillos, impaciente por bajar al sótano y comprobar cuáles eran los misterios y las soluciones de las que hablaba el diario.

El corazón le latía a mil por hora. ¿Y si estaba más cerca de terminar esa máquina de lo que había imaginado? ¿Y si todavía quedaba esperanza y no tenían que mudarse?

—¿Puedo bajar a jugar con los trillizos? —preguntó, poniéndose en pie de un salto.

Sus padres la miraron con el ceño fruncido. Tenía todavía la boca llena.

—¿No es un poco tarde?

Se miraron en silencio. Por los agujeros que comunicaban las habitaciones con las escaleras y con los otros pisos como si las paredes fueran de queso gruyer, se colaban los chillidos de los hermanos. Debían de estar trepando por la barandilla o colgados de las vigas del techo. Virtu de vez en cuando chillaba «Os vais a matar» y «Me vais a volver loca».

—Así hablamos de los pisos nuevos —dijo Anita de repente. Al mentir, se puso roja como un tomate, pero sus padres, al ver que Anita por primera vez se mostraba entusiasmada por hablar del tema con alguien, se dieron un codazo por debajo de la mesa y la dejaron marchar.

Anita bajó a toda prisa las escaleras.

Los trillizos estaban en el vestíbulo y hacían carreras sobre patines con los ojos vendados. Quien rompiera el jarrón grande que había decorado la estancia desde hacía décadas, perdía.

—Hola, Anita —saludaron, al verla pasar.

—Hola, chicos —dijo ella, tratando de acercarse a la puerta del sótano sin que pareciera que quería meterse dentro. ¿Cómo escurrirse sin que la vieran?

—Nuestra casa de la ciudad es alucinante —dijo uno de ellos.

—Súper alucinante.

—Estamos en un sexto piso y en el piso de abajo vive una ancianita muy amable que hace unas magdalenas gordísimas.

—Y en el piso de al lado una señora que da cursos de yoga. Mamá se ha apuntado a todos.

—Y la terraza es enorme.

—Y tenemos una habitación para cada uno.

Anita tosió para disimular. Los gemelos estaban muy emocionados con la visita de esa mañana y se la contaron con todo lujo de detalles.

—¿Ya sabéis quién va a dormir en cada habitación? —preguntó Anita, tratando de ocultar la malicia que escondía la pregunta.

Los trillizos dejaron de saltar y se miraron los unos a los otros.

—Yo en la más grande, por supuesto —dijo uno de ellos.

—¡Eso no te lo crees ni tú! —replicó el otro.

Y, efectivamente, sucedió lo que la niña sabía que sucedería: los trillizos se enzarzaron en una discusión acaloradísima acerca de quién ocuparía cada uno de los cuartos y subieron a toda prisa las escaleras.

—¡Mamá! —chillaban—. ¿A qué voy a ser yo el que duerma en la cama grande?

Anita los vio marchar y supo que tendría el terreno libre. Se escurrió al sótano, se puso su casco, accionó la palanca y cayó sobre los almohadones.

Solo tenía que buscar el lugar en el que las canicas más ruidosas se echan a dormir. ¿Qué clase de lugar era ese?

Anita se sentía desconcertada. Miraba a su alrededor, entre las columnas de trastos y las cajas amontonadas, y no tenía ni idea del lugar en el que dormían las canicas. Porque, a ver, las canicas no duermen... ¿o sí?

Buscó por todos lados. Se encaramó a un par de columnas de trastos y abrió dos cajas, para ver si encontraba alguna pista, pero nada.

Lo único que halló fueron unas canicas viejas y, en cuanto las tuvo en sus manos, las miró con cautela y preguntó, como si pudieran contestarle:

—¿Dónde os echáis a dormir?

Como imaginarás, las bolitas no contestaron y Anita se sintió tan tonta, que las lanzó al suelo en todas direcciones, resignada.

Las canicas chocaron con las esquinas de los muebles y las revistas y las cajas, dieron vueltas, se adelantaron las unas a las otras y, como cuando tiras algo por un embudo, se fueron acercando a un punto en el centro del sótano, que era el más bajo de todo el suelo, hasta detenerse en él. Se quedaron tan quietas que parecían haberse echado a dormir.

Anita sintió que se le ponían los pelillos de la nuca de punta. Había encontrado el lugar en el que estaba la respuesta a todos los misterios.

10

POR FIN VA A PASAR
LO QUE ESTABAS ESPERANDO
TODO EL RATO QUE PASARA

Anita Curiosidad se acercó con sigilo a las canicas, que permanecían sin moverse. Era como si temiera despertarlas o algo así. Estaba emocionada.

Se agachó junto a ellas y, desde esa posición, comprobó que estaba en el punto más bajo del sótano y que por tanto todo

lo que cayera al suelo, acabaría rodando, por la ley de la gravedad, hasta ese lugar.

Y ahora, ¿qué?

Tragó saliva y apartó las canicas. Bajo ellas, vio un agujero en las tablas del suelo. No le cabía más que un pulgar y no era muy diferente al resto de agujeros que vestían la madera aquí o allí, pero Anita metió el dedo, presa de una enorme curiosidad.

Tiró hacia arriba y, asombrada, comprobó que se abría una pequeña trampilla.

Aguantó la respiración. En el hueco había un pequeño cofre. Lo agarró entre sus manos y lo observó curiosa. ¿Estaban dentro los planos del Climanador? No medía más que una caja de zapatos.

Lo estudió con atención. Había botones numerados en su parte superior del 0 al 9, y una inscripción que rezaba:

«Atento si quieres abrir el cofre porque solo tendrás una oportunidad. El reloj de la torre da una campanada cada segundo. ¿Cuánto tarda en dar 8 campanadas?»

Anita respiró nerviosa. Observó el cofre de nuevo. La respuesta era un número. ¿Se abriría la misteriosa caja si lo pulsaba? Solo había una manera de averiguarlo. Tomó aire y pensó. ¿Ocho campanadas?

Después miró al techo, a las bombillas de colores, al banco de trabajo del gran inventor y los trastos que se acumulaban por todas partes. Por entre los recovecos se colaba la melodía de saxofón desafinado de Amadeo y los gritos de los trillizos, que seguían discutiendo por quién tendría cada habitación.

«El reloj de la torre da una campanada cada segundo. ¿Cuánto tarda en dar 8 campanadas?»

Anita cerró los ojos. Ocho campanadas, ocho segundos, ¿no? Era evidente. Demasiado evidente. No podía ser tan evidente, pero entonces, ¿qué?

Y cantó en su cabeza:

—Dong, un segundo. Dong, dos segundos. Dong, tres segundos. Dong, cuatro segundos. Dong, cinco segundos. Dong, seis segundos. Dong, siete segundos, y dong. ¡Ocho dongs y siete segundos!

Anita lo supo de repente. ¡Siete! ¡Claro, siete!

Sintió la emoción subirle por las piernas y trepar la columna vertebral, dirigirse al brazo, y a la mano y al dedo. Pulsó el número 7 y el cofre... se abrió.

Dentro del cofre había una brújula. ¿Una brújula? ¿Qué hacía ahora con una brújula? ¿Estaba siendo víctima de una broma de Gregorio Cuentamañanas el inventor?

Se puso en pie y observó la aguja. Se movía loca en todas direcciones, así que ya no sabía por dónde continuar.

Le dio la vuelta. ¡Otra dichosa inscripción!

Esta vez era más sencilla. Decía: «Ábreme», y no dudó en acercarse al banco de trabajo y desatornillar el cristal de la esfera.

Fue entonces cuando salió de ella un humo blanquecino que se fue espesando en el aire hasta formar la silueta de un hombre.

Fue entonces cuando sucedió lo que te narré en la primera página de esta historia.

—¡¿Se puede saber quién eres tú, niña, y qué haces en mi laboratorio?! —rugió la voz del fantasma, malcarado.

Era delgado, con ojeras y nariz de garfio. Tenía los bigotes tan largos que le llegaban por debajo de las rodillas. Iba vestido como se vestía la gente hace cien años, o como se viste la gente de ahora cuando se disfraza de los que vivían hace cien años, con chaqueta, chaleco y un bastón.

Y fue entonces cuando la niña dio un paso atrás, temblando y con los ojos tan abiertos que estaban a punto de caérsele de las órbitas. Anita tenía frente a ella al mismísimo espíritu del inventor y, cuando las articulaciones la obedecieron de nuevo, soltó la brújula y escapó escaleras arriba, chillando con toda la fuerza que tenía en los pulmones.

11
EL SEÑOR GATOENCERRADO

Ni que decir tiene que Anita no pegó ojo en lo que quedaba de noche. No podía sacarse de la cabeza el aspecto fantasmal de Gregorio Cuentamañanas. Si cerraba los ojos, podía volver a escuchar su voz, que parecía sacada de una tubería vieja, o imaginaba que sus dedos pálidos, casi transparentes, se enroscaban en su garganta hasta dejarla sin respiración.

¡Qué suplicio!

Al final no supo cuándo se había quedado dormida. Debió de ser un poco antes del amanecer, vencida por el cansancio más absoluto.

Por eso no escuchó a sus padres prepararse ni desayunar, y solo se despertó cuando escuchó el portazo.

Abrió los ojos de repente, sin saber muy bien dónde estaba. Se puso en pie.

No le apetecía estar sola en casa. ¿Dónde se habían ido sus padres? No había una nota por ningún lado, lo que debía significar que no estaban lejos, pero aun así, ¿dónde? Abrió la puerta que daba a las escaleras y escuchó revuelo en el vestíbulo.

Como iba en pijama, bajó sigilosamente para no advertir de su presencia. A lo mejor se habían reunido todos por culpa del fantasma. A lo mejor alguien lo había visto. A lo mejor estaban trazando un plan para exterminarlo… pero no, cuando llegó abajo, vio a los trillizos con Virtu, al saxofonista y a sus propios padres.

Había alguien más, un señor muy raro y que Anita no había visto antes. Tenía el cabello peinado de lado, con la raya casi en la oreja, y los ojos tan pequeños que había que buscárselos. Llevaba un traje de chaqueta a cuadros azules y grises con los zapatos negros y relucientes. Si los mirabas directamente, era como mirar al sol.

—Queridos vecinos —dijo ese hombre, sacando un rollo de papel de su maletín y extendiéndolo para que los vecinos pudieran verlo—, este edificio cochambroso se convertirá pronto en un lugar emblemático. No habrá camión de la basura ni barrendero en toda Europa que no lo conozca. Será la mejor y más tecnificada planta de recogida y clasificación de productos apestosos, grasientos y desagradables.

Anita no pudo evitar adelantarse al escuchar aquello. También olvidó su sigilo, tan concentrada como estaba en observar lo que había en el papel y, a medida que se acercaba, vio que se trataba de los planos de un edificio monstruoso con una cerca electrificada alrededor y carteles con calaveras y señales de tóxico por todas partes.

—Anita —llamó Luis Muchatela, al ver a su hija—, el concejal, el señor Gatoencerrado, nos estaba explicando los detalles de la nueva obra.

Anita, que había llegado hasta el grupo y se abría paso hacia los planos, se llevó las manos a la boca.

—Es el lugar más horripilante que he visto jamás —dijo, volviéndose al resto—. ¿Vais a permitir que conviertan nuestro hogar en... en... en... —La verdad es que no se le ocurría cómo llamarlo—. ¡Eso!

Luis Muchatela se echó a reír, disculpando a su hija.

—Mi Anita Curiosidad es muy exagerada —explicó al del ayuntamiento.

Pero Anita negó y volvió a mirar a sus vecinos.

—Este edificio es muy viejo —se disculpó Amadeo el saxofonista.

—Y un día se me caerán los trillizos por las escaleras —suspiró Virtu—. Ya no les caben más chichones.

—No podemos consentir esto. No vamos a consentirlo, ¿verdad? —negó Anita.

Pero esta vez fue el señor Gatoencerrado el que contestó por todos:

—No hay nada que podáis hacer para impedirlo —dijo, mirando a Anita a los ojos y frunciendo el ceño como hacen los malvados de las historias.

—Eso lo dirá usted —replicó la niña—. Necesitan nuestras firmas o algo así. Lo he leído en algún sitio.

El señor Gatoencerrado rio y señaló una pila de papeles.

—Las necesito, y las tengo, querida niña. Si no fueras tan dormilona, hubieras visto a tus vecinos y a tus padres firmar. A partir de ahora, solo un milagro evitará que esta mole mugrienta en la que vivís se convierta en la planta de recogida y clasificación de productos apestosos, grasientos y desagradables.

Anita tuvo que aguantarse las ganas de llorar. Se le acababa el tiempo. Sus vecinos, algo avergonzados, evitaban cruzar la mirada con la de ella.

12

EL MILAGRO

Un milagro, eso es lo que necesitaba.

Anita daba vueltas en su habitación. Observaba las paredes repletas de artefactos que ella misma había inventado y no dejaba de pensar.

¿De dónde sacaba ella un milagro?

Y de pronto, se detuvo. ¿No era acaso un fantasma un tipo un poco raro de milagro?

¿Y si al fin y al cabo tenía lo que había estado buscando? ¿Quién mejor que el propio Gregorio Cuentamañanas para ayudarla a perfeccionar el invento que podría volver a convertir el edificio en un lugar emblemático?

¡¿Y si hacían juntos **EL CLIMANADOR**?!

Anita tomó aire. No estaba muy segura de lo que estaba a punto de hacer pero sentía que no tenía opción, así que se colocó sus gafas de bucear con tubo incluido y esperó a que no hubiera nadie para bajar las escaleras y entrar en el sótano.

Una vez dentro, se puso el casco de ciclista y dio la manivela de las luces. No dio la del tobogán, que era mejor bajar escalón a escalón, por si tenía que volverse

corriendo. Había frío de repente, y eso la hizo inquietarse todavía más, porque ya se sabe que hace frío siempre que hay un fantasma cerca.

Cuando llegó abajo, no le costó ver la nube blanquecina en la que se había convertido Gregorio Cuentamañanas, y se acercó lentamente. Parecía abatido sobre su banco de trabajo.

Cuando lo tuvo delante, Anita temblaba como una hoja.

—Buenas tardes —dijo, carraspeando y a punto de salir corriendo.

—Eres la niña impertinente —replicó él, desganado.

Anita abrió mucho los ojos. No sabía muy bien cómo tomarse aquello.

—Puede ser.

—Soy un fantasma. Al parecer, el único invento exitoso de toda mi carrera es el que consiste en encerrar mi propio espíritu en una brújula. Y mira que no las tenía todas conmigo.

El fantasma parecía triste. Los largos bigotes flotaban a su alrededor como los tentáculos de un pulpo.

—Tiene que terminar su Climanador —carraspeó Anita, todavía temerosa de la aparición—, o demolerán este edificio para convertirlo en una planta de recogida y clasificación de productos apestosos, grasientos y desagradables.

El inventor alzó la mirada y la clavó en Anita.

—¿Se puede saber de qué hablas, mocosa? —rugió, flotando en el aire para acercarse a ella.

Anita se quedó quieta como un pasmarote. Por un momento pensó que el fantasma la había embrujado o algo así, pero no, era su propio miedo el que le impedía moverse.

—Yo...

Pero el inventor la interrumpió:

—¡Vete a jugar con muñecas, impertinente!

Anita asintió de puro susto. Le castañeteaban los dientes. El inventor seguía rugiendo:

—¡Eso sí, antes de irte, quiero que me digas quién es el ingenioso autor de ese cuaderno de notas!

El fantasma señaló un rincón del sótano y Anita se acercó lentamente a lo que había en el suelo. Se trataba de su propia libreta de inventos, la misma que había caído al suelo y se había perdido.

—Eso es mío —dijo con un hilillo de voz.

Pero el fantasma, como respuesta, soltó una risotada:

—¡Imposible! ¡Una fémina no sería capaz de sumar dos más dos! ¡Mientes! ¡Las mujeres no inventarían ni la manera de poder rascarse los pies!

—Le prometo que es mío —replicó Anita, un poco más decidida. No le gustaba lo que ese fantasma, por muy inventor que fuera, acababa de decir.

Cuentamañanas estalló en una risotada.

—Todo el mundo sabe que el cerebro de las mujeres es más pequeño que el de los hombres. Yo mismo pesé en mis tiempos más de una docena. ¡Está comprobado!

Anita apretó los puños, desafiante. Estaba comenzando a cabrearse, y el enfado hizo que dejara de temblar por un momento y dijera, atrevida:

—Perdóneme usted, pero todo el mundo sabe que el tamaño del cerebro no tiene que ver con la inteligencia. ¡El cerebro de Einstein, mire por donde, era muy pequeño y Einstein era uno de los tipos más inteligentes del mundo!

El fantasma y Anita quedaron uno frente al otro, las narices del fantasma a un

centímetro escaso de las gafas de bucear de la niña.

Se respiraba la tensión en el ambiente. Era un auténtico duelo de titanes, hasta que Gregorio Cuentamañanas dijo:

—Boooh.

Y Anita salió chillando del sótano.

13

EL CLIMANADOR

Era lunes y Anita era incapaz de concentrarse en sus clases. No podía dejar de pensar en el fantasma, en el señor Gatoencerrado, y en las señales de prohibido el paso con calaveras de la plantas de recogida y clasificación de productos apestosos, grasientos y desagradables.

Era preciso terminar el invento para dominar el clima, pero antes necesitaba

investigar un poco más acerca del asunto así que, cuando tuvo una hora libre, fue a la sala de ordenadores y buscó todo lo que pudo acerca de Gregorio Cuentamañanas y del día que no pasó a la historia.

Resulta que el Climanador falló en su primera y única demostración mundial, delante de los presidentes de toda Europa y parte de las afueras, porque el profesor se negó a usar un artilugio llamado «transformador térmico», encargado de cambiar la temperatura de los átomos de calor para convertirlos en frío, o a los secos para darles humedad.

Anita siguió investigando. Escribió en el buscador «transformador térmico» y apareció toda una página explicando que

se trataba de un invento de la científica e ingeniera Juana Espigarroja.

Anita leyó atentamente y descubrió asombrada que el artículo sobre la inventora estaba firmado por su tataranieta, y que esta vivía no muy lejos del colegio, así que decidió hacerle una visita al salir de clase.

Cuando se encontró ante la casa con las ventanas llenas de geranios de la tataranieta de Juana Espigarroja, la niña llamó a la puerta.

—Hola —se presentó, roja como un tomate porque iba a decir una mentira—, me llamo Anita y quisiera hacer un reportaje para la revista de mi colegio acerca de su tatarabuela Juana Espigarroja.

La mujer que la recibió se llamaba Dolores y era una muy amable, así que la invitó a pasar.

Se sentaron en un salón decorado con flores y cosas de ganchillo y Dolores ofreció a Anita un chocolate caliente y un par de porras. Al principio, Anita las rechazó educadamente, pero tres minutos después se las comió casi sin masticar porque estaban de miedo.

—Mi tatarabuela era una mujer formidable —explicó Dolores—. Logró grandes cosas en un tiempo en el que a las mujeres no se nos estaba permitido acceder a las enseñanzas técnicas. Estuvo a punto de participar en el invento del cambiador de clima: el Climanador.

Anita frunció el ceño.

—Y, ¿por qué no lo hizo? —preguntó la niña.

La tataranieta se echó a reír.

—Pues porque no la dejaron. El gran inventor Gregorio Cuentamañanas no hubiera permitido que una mujer compartiera su triunfo, y fue una pena porque Juana lo único que quería era que aquel invento funcionase. Había que llevar lluvia a las regiones secas del planeta, por eso no dudó en ceder su transformador térmico sin recibir crédito alguno. Incluso así, Gregorio lo rechazó.

Anita resopló. Ahora lo entendía todo. Gregorio Cuentamañanas prefirió fracasar antes de que una científica mujer le ayudase. Menudo tipo.

—Vaya con el viejo —susurró la niña, para sus adentros.

—Al final mi tatarabuela Juana donó su descubrimiento a quién quisiera usarlo, y sus planos se pueden descargar gratis por internet. ¿Quieres una copia para tu revista?

Anita abrió mucho los ojos.

—¿Qué revista? —preguntó.

—La de tu colegio —replicó la mujer—. ¿No era esto una entrevista para tu colegio?

Anita volvió a sonrojarse.

—Ah, sí, claro. Mi revista. Es que yo… la llamo periódico. Bueno, claro.

La mujer le entregó una copia de los planos y Anita sintió que le temblaban las manos de la emoción. ¿Y si el invento funcionaba finalmente?

Camino a la salida, pasaron por un aparador a rebosar de marcos de fotografías.

—Esta era ella —dijo Dolores, señalando un retrato en blanco y negro. Juana Espigarroja era una mujer muy guapa y elegante, y Anita sonrió al verla; pero de repente su vista se desvió hacia otra de las fotografías. En ella se veía a un niño vestido de la primera comunión con la raya al lado, la cara alargada y los ojos tan pequeños que había que buscárselos en la cara.

—¿Y este? —preguntó Anita, sintiendo que le recordaba mucho a alguien.

—Este es mi sobrino Bruno Gatoencerrado —dijo la mujer, sonriendo—. Imagínate: odia enormemente a Gregorio Cuentamañanas. Dice que si

no se hubiera negado a usar el invento de Juana, seríamos millonarios con la patente conjunta del Climanador. No te puedes imaginar lo cabreado que se pone cada vez que hablamos de él.

Anita sintió que el puzle se completaba en su cabeza. ¡Gatoencerrado era el concejal del ayuntamiento!

—¿Tan enfadado como para convertir el antiguo laboratorio de Cuentamañanas en una planta de recogida y clasificación de productos apestosos, grasientos y desagradables?

La mujer rio.

—Imagino que sí. Supongo que haría cualquier cosa por vengarse, ya ves qué tontería—.Y después soltó una risita inocente.

Anita negó con la cabeza. Por mucho que Gregorio Cuentamañanas se mereciera eso y más, la casa del inventor era ahora su hogar y el de su familia, y no podía permitir que el descendiente de Juana se saliera con la suya.

14

LA MUDANZA

Anita Curiosidad estaba entre nerviosa y emocionada. Había descubierto algo importantísimo, pero no sabía qué hacer exactamente con el hallazgo.

Cuando vislumbró el edificio larguirucho que era su casa, vio un par de camiones apostados a la puerta, y apretó la carrera.

—Hola, Anita —saludó Amadeo el saxofonista, al verla llegar—, parece que esto va en serio.

Anita no se lo podía creer. En los camiones podía leerse «Compañía de Mudanzas Vaivenes», y había un montón de hombres con gorra y camiseta blanca que subían y bajaban las empinadas escaleras cargando con pianos, retratos familiares y literas de tres alturas.

—¡La mudanza! —chilló Anita—. ¡No podemos irnos! ¡No aún!

Escaló los escalones, mientras los trabajadores con los que se cruzaba trataban de echarse a un lado, sin dejar de quejarse por la estrechez o por lo inclinado que era aquello.

—Esto es trabajo para sherpas del Himalaya, no para nosotros —protestaban.

—A este edificio no se atreverían a subir ni las cabras.

Anita, sin hacer ni caso de los que se oponían a su avance, trepó hacia la buhardilla y, al encontrar la puerta abierta, se coló dentro. El corazón le iba rápido: ¡a cinco mil latidos por segundo, esta vez!

¿Dónde estaba la mesa del salón? ¿Y la lámpara con forma de gato? ¿Y la televisión?

—Hola, hija, qué ilusión que hayas venido. Los de la mudanza se están encargando de todo —rio Greta.

Anita se dirigió a su madre a toda prisa.

—Mamá —suplicó—, debemos detenerlos. Esto no es más que una venganza de Gatoencerrado. ¿No lo entiendes?

Pero la mujer estaba de lo más ocupada ordenando que empaquetaran esto o aquello y casi no la escuchaba.

—Qué cosas dices —replicó Greta—, verás como cuando te bañes en la piscina se te olvida todo esto.

Anita llegó hasta su habitación y encontró a dos de los de la compañía de mudanzas rascándose la cabeza.

—¿Esto también es para tirar? —preguntó uno de ellos, confuso—. Cuantos trastos.

—¡Son mis cosas! —chilló Anita. Entonces pensó en el fantasma. En cuanto le contara lo que iban a hacer con su laboratorio y quién estaba detrás de todo, la ayudaría sin dudarlo.

—¿Dónde vas, hija? —la recriminó su madre, al verla salir de nuevo a toda prisa.

Pero Anita no tenía ni un segundo que perder. Se escurrió entre las piernas de los que cargaban un espejo enorme y se encaramó a la barandilla para adelantar a un par que salía de casa de los trillizos.

—Hay tres niños metidos en el mueble del baño —se quejó alguien dentro del piso.

—Cárguelos también —respondió su madre.

Anita siguió bajando. Se cruzó con Amadeo de nuevo y se dirigió a la puerta del sótano. Había tanto jaleo que pensó

que nadie repararía en ella, pero, cuando abrió la puerta y estuvo a punto de colarse dentro, alguien le puso la mano sobre el hombro.

Cuando Anita se volvió para quejarse, vio que se trataba del propio Bruno Gatoencerrado.

—Tú debes de ser Ana Muchatela —dijo el hombre.

Anita contuvo la respiración. Trató de sonar amenazante, pero le tembló la voz al decir:

—Sé lo que está haciendo y por qué lo está haciendo. Quiere vengar a la tatarabuela de su tía, que a decir verdad ya no sé lo que es suyo. Tal vez su tataratía...

El hombre se echó a reír.

—Eres muy graciosa, niña. Con tanto tatara, parece que estés tocando una trompeta. Te crees muy lista, ¿verdad? Tenía que decidir un lugar para colocar una planta de residuos malolientes y viscosos y... no me digas que el laboratorio de ese troglodita de Cuentamañanas no es el mejor sitio.

—Es mi casa —se quejó Anita, tratando de no temblar.

—Sales ganando, chica. Vivirás en una urbanización. A decir verdad, todos salimos ganando.

De repente, de la oscuridad del sótano salió un viento frío y Anita y Bruno Gatoencerrado se quedaron mirando la negrura delante de ellos. La cara de

109

Gregorio se dibujó, transparente, por un segundo.

El concejal dio un respingo y parpadeó nervioso.

—Me ha parecido ver una cara, qué tontería —dijo, mientras se limpiaba el sudor de la frente—. Cierra esa puerta, niña, y sube a supervisar en qué cajas meten tus cosas. ¿No querrás que se estropeen tus muñecas?

Anita cerró la puerta, pero antes dejó caer escaleras abajo los planos que la tataranieta de Espigarroja le había dado.

Después subió las escaleras, desalentada.

—Esta misma tarde nos vamos y en cinco días será la demolición —anunció uno de los operarios.

Anita caminaba triste. Solo se volvió una vez para comprobar que Bruno Gatoencerrado continuaba con el ceño fruncido y los ojos clavados en la puerta del sótano.

15

LA CASA NUEVA

Anita y sus padres llegaron a la casa nueva a la hora de cenar. Los muebles eran tan modernos que las pocas cosas que habían rescatado de la buhardilla, como la lámpara de pie con forma de gato o el espejo ancho, parecía que sobraban.

—¿Has visto la terraza? —preguntó su padre. Anita se asomó de mala gana. Había césped y niños jugando abajo. El

agua de la piscina estaba inmóvil, como si fuera una pista de patinaje.

—Cuántos niños para jugar —señaló su madre, uniéndose a ellos.

—Siempre he tenido niños con los que jugar —se quejó Anita—. Lo que aquí no tengo es lo que de verdad me gusta hacer cuando estoy sola: mis inventos.

—Eso es una tontería —replicó su padre—. Anda que no podrás inventar cosas y...

Anita se metió dentro y se dirigió a su habitación. El techo no era alto, ¿Dónde engancharía la tirolina? ¿Solo había dos enchufes? ¿Cómo iba a trabajar en un escritorio tan pequeño?

Sus padres la observaron caminar de un lado a otro desde la puerta.

—Te acostumbrarás —dijeron.

Ella negó y se volvió hacia ellos.

—Papá, mamá —dijo evitando ponerse más triste de lo que estaba—, yo sé que nuestra casa era... diferente, pero era nuestra casa y tenía todo lo que me hacía feliz.

Luis suspiró y se dirigió a su hija. Se sentó en la cama y la animó a sentarse a su lado. El colchón no crujió y el suelo tampoco se torció con el peso, y Anita pensó que echaba de menos su antigua habitación.

—Estaba vieja, cariño —dijo Luis—. Se caía a pedazos. ¿Lo entiendes?

Anita asintió mirando al suelo.

—Pero y si... pero y si alguien descubriera algo grandioso en ella. ¿Y si alguien diera con la respuesta al Climanador?

Su madre sonrió tiernamente.

—Eso fue un mito. Al final nadie puede hacer esas cosas.

—Pero —insistió la niña—, ¿y si fuera posible hacerlas?

—Acuéstate, Anita —dijo su padre, dándole un beso en la frente—, es hora de dormir.

16

CONVENCER A UN
FANTASMA CABEZOTA

Anita corrió al caserón después del colegio. Al acercarse comprobó que el ayuntamiento había vallado la zona y había carteles que avisaban del próximo derribo. Quedaban tan solo cuatro días para que el edificio se convirtiera en caldo de edificio o en serrín o en trocitos microscópicos de edificio o lo que fuera

que pasase cuando alguien demolía un caserón.

No había nadie, y Anita saltó la cerca y se metió en el vestíbulo. No estaba la mesa ni el jarrón alto. No se escuchaba a los trillizos ni el saxofón de Amadeo, y a la niña le pareció desnudo sin todas esas cosas.

Se dirigió al sótano y abrió la puerta. Chilló antes de entrar:

—¿Señor Cuentamañanas? —llamó. Pero no obtuvo contestación alguna.

Dio la luz con la manivela y bajó las escaleras lentamente.

—¿Señor Cuentamañanas? —repetía de vez en cuando. Pero no lo vio hasta que no llegó abajo. El fantasma estaba sentado sobre su banco de trabajo, con la cabeza agachada. Anita vio los planos del transformador de Espigarroja tirados por ahí. Recogió uno.

—¿Los ha leído? Son los planos del transformador térmico.

El fantasma solo gruñó, sin alzar la cabeza.

—Tiene que leerlos —insistió Anita, recogiendo el resto de hojas.

—Los ha escrito una mujer. Las mujeres no tienen visión espacial. Las mujeres deben estar en casa, cuidando de su marido y de sus hijos. ¡Eso es lo que tienen que hacer!

Anita se quedó parada como un pasmarote.

—Eso no es justo —replicó Anita—. Hay mujeres astronautas y científicas y de todo.

El fantasma abrió los ojos como platos.

—Eso es imposible. El mundo se está volviendo majareta. Ahora me dirás que hay mujeres presidentes de países.

El fantasma soltó una risotada.

Anita tomó aire al decir:

—Claro. En Alemania o en Nueva Zelanda. O en Finlandia. ¡Y más que habrán!

El fantasma la miró fijamente y negó.

—Yo no voy a caer en este desvarío. ¡No pienso usar el invento de una mujer!

Anita se llevó las manos a la cabeza.

—Pues entonces no podría programar ordenadores o usar el limpiaparabrisas o millones de cosas más. ¡Hay muchísimos inventos de mujeres que funcionan por ahí!

—¡**ME DA LO MISMO**! —chilló el fantasma.

Anita comenzaba a desesperarse. Llegó a pensar que Bruno Gatoencerrado tenía toda la razón del mundo por tenerle manía. ¡Qué hombre más desagradable!

—Pero ¿por qué nos tiene tanta manía, si puede saberse? —preguntó Anita.

Gregorio apretó los labios.

—¡Pues porque lo complicáis todo! En mi época las mujeres se dedicaban a estar en casa y punto. ¿Acaso no es eso bonito? ¡Pues no! ¡Queríais más! Participar en las decisiones y en política y esas cosas. ¡Unas locas! ¡La política es cosa de los hombres! Recuerdo que yo era pequeño cuando

mi propia tía, Gertrudis Cuentamañana, comenzó con sus locuras acerca de los derechos de las mujeres. ¡Se empeñaba en llevar pantalones y quitarse el corsé! Entonces los socios de mi padre comenzaron a burlarse de nosotros. ¡Imagínate!

Anita escuchaba con atención.

—¿Qué sucedió con Gertrudis? —preguntó curiosa.

Gregorio hinchó el pecho que no tenía al decir:

—Pues que hubo más mujeres que la siguieron. ¡Se ayudaron entre ellas! ¡Increíble! ¡Y yo fui el hazmerreír de mis compañeros de colegio! ¡Las mujeres deben estar en casa cuidando del esposo y de los hijos!

Anita apretó los puños.

—¡Pues entonces prepárese para ser el fantasma de una planta de recogida y clasificación de productos apestosos, grasientos y desagradables! ¡Seguro que es mucho más divertido que utilizar el invento de Juana Espigarroja para completar el suyo!

El fantasma se puso en pie y paseó por el sótano. Resoplaba. Tenía los brazos a la espalda y caminaba en círculos.

—¡No hay nada que pueda hacer! —chilló Gregorio de repente. Y bajó la voz, resignado—. No puedo.

—Sí puede —lo animó Anita—. Si consigue poner en marcha el Climanador, no demolerán su laboratorio. ¡Lo convertirán

en un museo! Y yo podré quedarme en mi casa.

Pero el fantasma negaba.

—No puedo, niña. ¿No te das cuenta? Ni siquiera puedo tocar las cosas. ¡Soy transparente! Mira lo que pasa cuando trato de agarrar el dichoso plano del transformador térmico.

Anita observó, asombrada, que cuando el fantasma trataba de levantar el papel, sus manos se hundían en el suelo, sin conseguirlo.

El fantasma se sentó de nuevo en su escritorio y suspiró.

—Es imposible —dijo.

Anita dio un paso adelante.

—¡Yo le ayudaré! —resolvió, sonriendo ampliamente.

El fantasma la observó con el ceño fruncido. Los bigotes se le subieron como si formaran un signo de interrogación.

—¿Una niña? Debes de haber perdido la chaveta.

Anita apretó los labios y se dio media vuelta.

—Pues entonces me voy. ¡Espero que lo pase bien en su planta de residuos malolientes y putrefactos, asustando a las latas viejas de sardinas!

Y entonces pasó algo asombroso: Gregorio Cuentamañanas voló hasta interponerse en su camino hacia las escaleras.

—De acuerdo —dijo. Y Anita pensó que se iba a desmayar de pura felicidad.

17

TRABAJO DURO

Al día siguiente, Anita acudió a su cita con el fantasma.

Tenían solo tres días hasta el de la demolición y había mucho que hacer, así que se colocó ante el inventor y se arremangó para recibir instrucciones.

—Necesitamos esa plancha de aluminio —dijo Gregorio, señalando un rincón del sótano en el que se apilaba material metálico.

—¿Esta? —preguntó Anita, agarrando una.

—¡No esa! ¡Niña ignorante! ¿Para qué crees que necesitamos esa? ¡La de detrás!

Anita frunció el ceño. Iba a tener que armarse de paciencia si pretendía salvar su casa.

—¡Tiene los dedos transparentes! ¡A veces parece que señalen ocho cosas a la vez!

—¡Cualquiera de mis aprendices varones lo hubiera comprendido al instante! —se quejó el fantasma.

—¡Es que yo no soy ni un barón ni un conde! —replicó la niña.

Las discusiones se sucedieron una detrás de otra, pero Anita cerraba los ojos, contaba hasta tres y procuraba pensar en el momento en el que pudiera volver a su antigua habitación.

El segundo día, no fue muy diferente.

—¿Has traído el tejido de paracaídas que te encargué? —rugió el inventor, cuando Anita aterrizó en el sótano y se quitó el casco de bicicleta—. Lo necesitamos para fabricar los guantes.

Anita suspiró y negó con la cabeza. Después abrió la mochila y sacó unos guantes revestidos con acero que había comprado por internet.

Gregorio Cuentamañanas los observó estupefacto.

—¡Son los guantes por los que cualquier inventor habría matado en mis tiempos!

¡La de colegas a los que les faltaban los dedos o la punta de la nariz!

—Están hechos con Kevlar, que es una fibra cinco veces más fuerte que el acero.

—¿Quién ha logrado tan maravilloso invento?

Anita puso los brazos en jarra y dijo:

—Una mujer, Stephanie Kwolek, para que vea.

El fantasma gruñó. Después musitó que el mundo se estaba volviendo loco, pero no puso objeción cuando la niña se colocó los guantes y siguió trabajando.

Gregorio seguía sin poder tocar nada, pero tenía la facultad de mover un bolígrafo con la mente y dibujar para Anita lo que quería que construyera.

Aunque la niña estuvo a punto de mandarlo a paseo en un par de ocasiones, acudió también al día siguiente.

—Tenemos que terminarlo hoy —suplicó Anita. Sobre el banco de trabajo estaba la máquina medio acabada. La niña suspiró—. Tenemos que instalar el transformador térmico de Juana Espigarroja.

Gregorio gruñó. Se había pasado toda la noche intentando idear una alternativa por sí mismo, pero era imposible.

—Sobre mi cadáver.

—Ya está usted muerto —le recordó Anita.

El hombre le sacó la lengua, fastidiado, pero Anita no le hizo caso y trató de conectar el aparto de Juana al transformador de climas. Era una operación delicada que le llevó más de dos horas, y tuvo que hacerlo sola porque el inventor se negaba a darle indicaciones.

—No se puede —dijo Anita, alzando la cabeza hacia la esquina desde la que la observaba el fantasma, curioso por el resultado. Aunque su orgullo no le dejara admitirlo, cruzaba sus transparentes dedos por detrás de su transparente cuerpo, rezando para que funcionara.

Cuetamañanas tragó saliva y se acercó a la niña.

—Sabía que no resultaría —dijo, sin demasiada convicción.

Anita, que estaba sumamente agotada, lo observó marcharse.

—¿Va a rendirse? —preguntó, incrédula.

—Ya te dije que cuando las mujeres ponen sus naricitas en las cosas de hombres, todo acaba fastidiándose Es imposible terminar ese trasto.

Anita no estaba dispuesta a rendirse y agarró las juntas de ambos aparatos. Si conseguía una goma que pudiera unir los mecanismos de... y de repente tuvo una genial idea:

—¡El tubo de goma de mis gafas de bucear! —Anita se quitó las gafas y sacó el tubo. Era perfecto. En cuanto lo colocara, estaba segura de que el cambiador de clima funcionaría.

Las manos le temblaban de pura anticipación. ¡Estaban a punto de

conseguirlo! Pero, de repente, una mano fría y huesuda se posó en su hombro.

—Ahora no, señor Cuentamañanas.

Pero no se trataba del señor Cuentamañanas, sino de alguien que no hubiera deseado ver allí ni en un millón de años.

—No deberías estar aquí —dijo el individuo. Y Anita se volvió lanzando un chillido al verlo.

18

EL EXPERIMENTO
INACABADO

¿Aún no adivinas quién era el dueño de esa mano fría y huesuda? Pues te voy a aclarar el misterio; ¡se trataba del mismísimo Bruno Gatoencerrado!

Anita ahogó un grito y tuvo que dejar lo que estaba haciendo. El hombre la tenía agarrada por la parte de detrás de su camiseta.

—¿Qué piensas que estás haciendo? —preguntó Gatoencerrado—. ¿Acaso no has visto los carteles de prohibido por todos lados? ¡Mañana sábado este lugar será reducido a escombros!

—¡Socorro! —chilló la niña, intentando soltarse—. ¡Gregorio, ayúdeme!

El fantasma se irguió amenazante frente a Anita y Bruno y, aunque mostró la cara más amenazante que pudieras imaginar, con los bigotes alzados hacia arriba y la boca abierta descomunalmente, Gatoencerrado no podía verlo, aunque se sintió intranquilo de repente.

—Hace un poco de frío, ¿no? —se limitó a decir el hombre mientras trataba de arrastrar a Anita hacia la salida del sótano.

Pero Anita trató de zafarse por todos los medios. ¡Solo un segundo más y podría accionar el cambiador de climas!

—¡No es justo! —chilló la niña—. ¡Gregorio!

El fantasma volaba de un lado a otro. Gruñía. Se hacía grande. Trataba de parecer feroz, pero Gatoencerrado solo fruncía el ceño y se sentía intranquilo, como si sintiera la amenaza aunque no pudiera verla, lo que alentó al hombre a querer salir de allí lo antes posible. El fantasma, sin saberlo, lo estaba espantando.

—Lo que no es justo es que quieras terminar ese invento y dar crédito a una sabandija despiadada como Gregorio Cuentamañanas.

—¡Quiero salvar mi casa! —se defendió la niña.

—Pero es también su laboratorio. ¿No lo entiendes? Prefirió no colaborar con mi antepasada Juana Espigarroja porque era una mujer, antes que salvar a sus conciudadanos de la sequía que se produjo en los años siguientes.

Al escuchar aquello, el fantasma se hizo pequeño y se retiró a una esquina del sótano, terriblemente avergonzado. Anita no pudo más que alzar la mano hacia él pidiendo ayuda, mientras Gatoencerrado la obligaba a subir las escaleras y la sacó del edificio. Afuera había una cuadrilla de hombres cerrando definitivamente la propiedad para que nadie más entrara

antes del derrumbe, que iba a ser sonado. Las máquinas con las bolas demoledoras ya esperaban hambrientas y Anita se estremeció.

—Es mi casa —suplicó a Gatoencerrado.

Pero este la metió en la garita de guarda y llamó a sus padres. No le quitó el ojo de encima hasta que no vinieron a recogerla.

19
TODO ESTÁ PERDIDO

No te puedes imaginar lo muchísimo que Luis y Greta se enfadaron con su hija. Después de echarle al menos doscientos sermones acerca de lo imprudente que había sido por bajar al sótano desoyendo las señales de advertencia, y el peligro al que se había expuesto, la castigaron a no jugar con sus amigos durante las próximas dos semanas.

Y a no ver tele.

Ni internet.

Ni nada que se considerase un poco divertido.

Claro que la niña intentó contar a sus padres la razón de su travesura, pero imaginarás que echarle la culpa a un fantasma, no es la mejor excusa para librarte de un castigo. Anita, que se sentía terriblemente triste, se metió en su habitación y lloró de vez en cuando. Era viernes por la noche y faltaban horas para que las máquinas demolieran el lugar más feliz que había conocido nunca.

Luis y Greta, de vez en cuando, ponían la oreja en la puerta y escuchaban a su hija sollozar, pero debían mantenerse firmes.

—La verdad es que da un poco de pena saber que van a demoler la buhardilla —confesó Greta a su marido.

Este la besó en la frente y ambos se dirigieron hacia el salón. Luis tomó un álbum de fotos y se sentaron a verlo. En él había instantáneas de Anita riendo con los trillizos, o de Amadeo tocando el saxofón en su tercer cumpleaños.

Eran tiempos ruidosos y alegres.

En el piso en el que vivían ahora, no se podía hacer tanto ruido. De vez en cuando, la vecina de abajo daba golpes en el techo con la escoba si ponían muy alto el televisor. Era una mujer con el oído muy fino.

El matrimonio suspiró por los viejos recuerdos y, así como estaban, se quedaron dormidos en el sofá.

Soñaron con escaleras inclinadas y ventanas que no podían abrirse. Con risas. Con melodías y fiestas, hasta que les despertó la luz del amanecer que se colaba por el balcón.

Habían dormido toda la noche.

—Voy a ver cómo está Anita —dijo Luis, desperezándose.

Y cuando llegó hasta el dormitorio de su hija, vio que estaba vacío.

20
YA ES UN POCO TARDE

Los Muchatela condujeron apresura-
damente hasta el edifico de las afueras.
Estaban convencidos de que Anita estaba
allí y temían que comenzaran a demolerlo
con Anita dentro.

¡Qué catástrofe!

Cuando llegaron, las máquinas estaban
preparadas y había decenas de obreros
por todos lados. Vieron a la alcaldesa de la

ciudad y a los concejales. Gatoencerrado estaba entre ellos.

—¡No pueden comenzar! —chillaron Luis y Greta—. ¡Nuestra hija está ahí dentro!

—No se preocupe por su hija —dijo uno de los guardas, junto a la multitud de gente del ayuntamiento. Tenía agarrada a Anita, que miraba al suelo—. Ha intentado colarse hace un par de horas, pero yo a esta niña la tengo fichada y no pienso dejar que se me escurra una vez más.

Luis y Greta se acercaron a ella.

—Deben vigilar más a su hija —dijo la alcaldesa, en tono estricto—. Parece que están forjando a una pequeña delincuente.

Gatoencerrado rio ante el comentario, pero Luis y Greta no se lo tomaron tan bien.

—¿Perdone? —dijo Greta, encarándose a la política—. ¿Mi hija una delincuente? Mi hija solo echa de menos su hogar, que por cierto tiene mucha más personalidad que el piso de dos habitaciones que nos dieron. ¡Teníamos que haberle hecho caso!

—Queremos nuestra antigua casa —exigió Luis.

Pero se habían abierto las vallas y las máquinas ya avanzaban hacia la propiedad. Enormes y pesadas máquinas demoledoras rugían y lanzaban humo por los tubos de escape. Parecían rinocerontes metálicos.

La familia Muchatela miró hacia la casa. No había solución.

¡Todo estaba perdido!

—¡La demolición es imparable! —se relamió Gatoencerrado.

Pero de repente, una voz conocida se acercó a la casa caminando entre las grandes máquinas.

—¡Pues va a tener que pararse! —dijo esa voz—, porque los trillizos no pueden vivir en el piso nuevo.

—¡Virtu! —chilló Anita, al reconocerla.

La mujer siguió hablando:

—Han logrado que le den ocho ataques de ansiedad en cuatro días a la ancianita de abajo. ¡Y la monitora del estudio de yoga no hace más que reprendernos! ¡Volvemos a casa!

—¡Bien! —chillaron los niños, que seguían a su madre.

—¡Paren las obras! —tuvo que decir la alcaldesa—. ¡Y atrapen a esa mujer y a sus hijos!

—¡Tendrán que atraparme a mí también! —dijo otra voz, la de alguien sobradamente querido por Anita. Y a continuación, una melodía alegre y desafinada de saxofón, lo inundó todo—. ¡No me dejan ensayar a las tres de la mañana en mi casa nueva! ¡Me vuelvo!

No te podrías ni imaginar el jaleo que se armó en unos segundos. Los de las máquinas se quejaban a la alcaldesa porque cobraban por horas y era sábado, mientras que el resto de trabajadores corría tras los trillizos.

Anita aprovechó para zafarse del que la tenía retenida y corrió hacia la casa ella también.

—¡Anita! —chillaron sus padres. Pero su grito se perdió entre el escándalo, las notas de música y las carreras.

Anita, con el corazón en la garganta, pasó junto a uno de los trillizos, que le dedicó una sonrisa; adelantó a Amadeo, al que perseguían tres guardas; y se libró de un montón de manos que trataban de agarrarla hasta colarse en el edificio y entrar al sótano.

Se colocó el casco y dio ambas palancas, cayendo sobre los almohadones con rapidez.

—¡Has venido! —se alegró Gregorio.

Anita asintió y corrió al banco de trabajo. Todo estaba tal y como lo había dejado el día anterior. Solo quedaba conectar una de las gomas al extremo y...

—¡Ni se te ocurra!—dijo Gatoencerrado poniéndose en pie. Acaba de aterrizar sobre los cojines y la observaba con gesto amenazante.

¡Otra vez! Y Anita se llevó las manos a la cabeza.

21

¿TENEMOS CLIMANADOR O NO?

Bruno Gatoencerrado se abalanzó sobre Anita y, justo cuando esta iba a pulsar el botón que accionaría el invento, impidió que lo hiciera.

—¡No! —chilló la niña.

—¡Esto te va a salir caro! —gruñó el hombre—. ¡Si piensas que voy a permitir que el invento de ese retrógrado se lleve a cabo con éxito, estás equivocada! ¿No lo

entiendes? ¡Gregorio Cuentamañanas era un egoísta!

—¡Y usted también lo es! —chilló Anita—. ¡No le importa dejarnos sin casa! ¡Y todo porque no se hizo millonario con el invento de Juana Espigarroja! ¡Son los dos iguales!

—No puedes compararnos a ese machista y a mí —se quejó Gatoencerrado.

Pero Anita, lo miró muy seria cuando dijo:

—Claro que los comparo. La única diferente fue Juana. Ella cedió su descubrimiento a todo el mundo, a pesar de lo mucho que trabajó para conseguirlo. Si su tataratataratía o como se llame eso, le viera en estos momentos, ¡se echaría las manos a la cabeza!

Bruno Gatoencerrado fue a decir algo, pero de repente una hoja arrancada de un cuaderno, flotó frente a ellos, como flotan las nubes o las plumas cuando se dejan caer, y se posó en las manos del hombre.

Este la miró perplejo. La letra era esbelta hacia un lado y decía lo siguiente:

«Yo, Gregorio Cuentamañanas, cedo este invento al mundo para que lo use a su conveniencia, aunque no es solo mío. Sin ayuda de la gran Juana Espigarroja no hubiera sido posible. Ella tuvo las ideas iniciales y fue capaz de desarrollar el transformador térmico, sin el cual, el invento no tendría sentido. Quisiera pedirle perdón a ella y a todos los descendientes que tenga, y decir que Juana fue una inventora sublime. Lamento mi comportamiento.»

La carta venía firmada por el gran inventor Gregorio Cuentamañanas.

Gatoencerrado, demasiado emocionado como para darse cuenta de que la tinta todavía estaba fresca, no daba crédito a lo que leía, y una sonrisa se dibujó en su cara.

Ese momento de debilidad fue el que Anita aprovechó para librarse de él y pulsar el botón de encendido de la máquina.

A partir de ahí, todo lo que cuente se queda corto, porque un magnífico rayo de luz apuntó hacia el cielo, haciendo un agujero en el suelo del sótano, atravesando las escaleras y saliendo por el techo del edificio.

Los que estaban afuera peleando, se quedaron perplejos al ver el rayo de luz.

Los trillizos, que se habían encaramado a la cabeza del guarda que había atrapado a su madre, permanecieron inmóviles; y Amadeo, que tocaba el saxofón sobre el techo de una de las máquinas mientras decenas de brazos trataban de agarrarle, alzó la mirada al cielo. Luis y Greta abrieron las bocas, expectantes, e incluso la alcaldesa dejó de gritar para observar aquello.

De repente, un grupo de nubes se apelotonó alrededor del haz de luz y cayó lluvia. Un segundo después, se formó un gran arcoíris, y después apareció un pequeño tornado que creció durante unos segundos hasta volver a evaporarse, dejando que brillara de nuevo el sol.

—¡Es el gran Climanador! —chilló, asombrada, la concejala de industria—. ¡No podemos demoler este lugar!

—¡Hay que hacer un museo! —exclamó el de cultura y educación.

La alcaldesa se puso muy seria.

—¿Cómo que...?

El de economía, aclaró:

—¡Este invento traerá millones a nuestra ciudad!

Y todos saltaron y cantaron. Incluso los guardas. Y los maquinistas. Y Amadeo y los trillizos. También los señores Muchatela.

Mientras, en el sótano, Gatoencerrado lloraba de felicidad. El honor de su antepasada estaba a salvo para siempre.

22

UN FUTURO PROMETEDOR

Todo había terminado bien, ya lo has visto.

Los periódicos y la televisión no tardaron en dar cuenta de la noticia, porque el extraño fenómeno de las nubes, el arcoíris y el pequeño tornado, no pasó desapercibido. Llegaron científicos e ingenieras de toda la ciudad, y Bruno Gatoencerrado les mostró orgulloso la nota que le había caído del cielo.

También aparecieron arquitectos con planos enormes, dispuestos a rehabilitar el edificio donde un día Juana Espigarroja y Gregorio Cuentamañanas dejaron su invención lista para que el mundo la ultimara.

Una de las arquitectas escuchaba las peticiones de Greta y Luis Muchatela en la buhardilla:

—Queremos que Anita tenga mucho espacio para sus inventos. Tal vez haya que reforzar las vigas y...

—Yo necesito una cocina a prueba de incendios —pedía Virtu.

—¿Y si insonorizara una habitación para ensayar? —apuntaba Amadeo.

Todos estaban emocionados. La casa era un ir y venir de gente.

Anita bajó al sótano. Había un grupo de científicos y observó a un par de ingenieras estudiando el transformador de clima con atención.

—Es maravilloso —decían. Y Anita no podía evitar sonreír.

Se dirigió a un rincón y respiró hondo. Se habían llevado muchos de los trastos viejos con la intención de convertir el laboratorio en un museo.

—Anita, Anita —llamó alguien con el sonido del viento.

La niña sabía de sobra de quién se trataba y se dirigió a un rincón. Allí vio la figura blanquecina de Gregorio el fantasma.

—Pensé que se había marchado usted —dijo la niña, gratamente sorprendida.

El fantasma sonrió también.

—Yo también pensé que mi espíritu cruzaría al otro lado cuando terminara mi invento, pero aquí sigo. Al parecer hay algo que debo hacer, y creo saber de qué puede tratarse.

Anita frunció el ceño, confusa.

—¿Otro invento? —preguntó la niña.

El científico negó y dio un fantasmal suspiro. Después se dirigió al grupo de estudiosos que se afanaba por catalogar su invento.

—¿Has visto cuántas mujeres hay entre esos eruditos? —preguntó a Anita.

Y esta meneó la cabeza, resignada.

—¿Va a quejarse usted?

Pero el fantasma rio en lugar de ponerse serio.

—No, al contrario. Me he dado cuenta de lo terco que he sido, y no yo solo, sino toda mi generación y todas las anteriores a ella. Espero que no quede ninguno de los míos por ahí. Si hubiéramos apreciado la ayuda de nuestras compañeras las inventoras, mucho mejor nos hubiera ido.

Anita sonrió también.

—La verdad es que sí —confesó.

—Y hay otra cosa —continuó el espectro—. Quisiera pedirte perdón por no haber estado a la altura de tu talento. Y darte las gracias.

Anita sintió que se le ponía el pelillo de la nuca de punta.

—De nada —respondió, roja como un tomate.

EL CLIMANADOR

Anita y el fantasma se miraron a los ojos y este comenzó a desaparecer. Gregorio Cuentamañanas había aprendido una gran lección y estaba listo para irse al lugar al que se van los fantasmas que han aprendido sus lecciones.

—¿Eres Ana Muchatela? —preguntó una de las científicas, acercándose a ella.

Anita, que se había emocionado un poco, se volvió a mirarla.

—Sí —respondió.

—Tienes que explicarnos cómo lo has hecho. Eres una genio.

Anita sonrió ampliamente.

—Vale —dijo—, pero puedes llamarme **ANITA CURIOSIDAD**.

Y así termina esta historia misteriosa y emocionante, con su protagonista convertida en una científica de renombre, los trillizos pidiendo trampolines y trapecios para saltar de un piso a otro y el saxofonista tocando una melodía alegre, de las que suenan en las historias con final feliz.

FIN